EXAMEN

DU HUITIÈME CHAPITRE

DU CONTRAT SOCIAL

DE J.-J. ROUSSEAU,

INTITULÉ

DE LA RELIGION CIVILE;

PAR M. LE COMTE LANJUINAIS,

PAIR DE FRANCE.

Ausi omnes immane nefas. VIRG.

Tous ont osé l'horrible crime; tous ont voulu tuer
leurs frères qui ne pensaient pas comme eux.

———◦———

PARIS,

DE L'IMPRIMERIE DE RIGNOUX,

RUE DES FRANCS-BOURGEOIS-S.-MICHEL, N° 8.

1825.

LIVRE IV.

CHAPITRE VIII.

De la religion civile.

Quare fremuerunt et meditati sunt inania ?
Pourquoi se sont-ils émus ? pourquoi ont-ils formé
de vains projets? Psaume ii.

Ce chapitre, un des plus remarquables par l'érudition et le raisonnement, un des plus soignés de tout l'ouvrage, est fertile en erreurs historiques, morales, religieuses et politiques, répétées la plupart dans les *Lettres de la Montagne*, partie 1ʳᵉ, lettre 1ʳᵉ.

· L'auteur ne s'y propose rien moins que d'étouffer les superstitions, de renforcer les liens sociaux, de maintenir la paix et l'unité dans la nation et dans le gouvernement, enfin de prévenir les injustices et les cruautés de l'intolérance.

Mais, pour accomplir un si grand dessein, une œuvre si difficile, il n'a trouvé que deux moyens d'une exécution désespérée, et qui seraient plus pernicieux à l'espèce humaine que les maux dont il s'agit de la délivrer. Le premier moyen serait de remplacer, on ne dit pas comment, toutes les religions par un déisme sans temples, sans autels et sans rites. L'autre consisterait non pas à protéger, mais à tolérer tous les cultes, excepté seulement le catholicisme, et avec lui toutes les religions qui se qualifient vraies, qui rejettent l'indifférentisme. En même temps l'auteur voudrait imposer, sous peine de bannissement ou de mort, un déisme dont la nature serait fixée par l'autorité législative. Ce n'est pas là tout-à-fait le système des croisades, de l'inquisition, de la Saint-Barthélemi, ni le régime des dragonnades, ni celui des quatre-vingt mille lettres de cachet pour soutenir une fameuse bulle qui, même à Rome, n'appartient plus qu'à l'histoire; mais c'est un autre plan d'inhumanité du même genre.

Comment Rousseau va-t-il s'y prendre pour nous réduire à son déisme sans culte, à sa cruelle religion civile?

Il appelle à son aide l'histoire et l'antiquité qu'il dénature; il adresse à la religion chrétienne des reproches qu'elle ne mérite pas; il expose le système de religion civile qu'il a inventé.

***

§ 1er.

Recherches historiques.

Pour attaquer la théocratie des Israélites, pour avoir un prétexte de la confondre avec des théocraties d'imposture qu'on a vu lui succéder, un écrivain, lié d'opinions avec le fameux baron D'Holbach, Boulanger, imagina que les *hommes n'eurent d'abord d'autres rois que leurs dieux, et d'autre gouvernement que le théocratique.* Il avait développé cette fiction avec plus d'appareil que de solidité dans les *Recherches sur le despotisme oriental*, publiées en 1761, deux ans après sa mort. Rousseau commence par adopter ce paradoxe, où la protection imaginaire des dieux locaux du polythéisme est comparée, égalée si mal à propos au gouvernement donné aux Hébreux par Moïse.

Suivant la raison, la Bible, et les *oupnek'hat* extraits des antiques *védah*, et tant de traditions répandues dans l'univers, la vérité précéda le mensonge, le Dieu unique était adoré avant qu'on reconnût les faux dieux. On sait bien que ces règnes du ciel et des astres, antérieurs aux règnes des hommes, ne sont que des fables autrefois mises en tête des véritables histoires ; et les premiers rois historiques de la Chine et de l'Inde nous apparaissent chefs de peuples théistes, avant aucune espèce de théocratie.

Des despotes se déifièrent eux-mêmes; ils se firent déifier par de vils flatteurs. D'abord Alexandre et ceux qui lui succédèrent, Jules César et tous les empereurs romains, jusqu'à l'époque du triomphe extérieur de la religion chrétienne sous Constantin. Mais ni ces apothéoses honteuses, ni d'autres un peu moins révoltantes n'établirent la théocratie. Sous ces dieux prétendus, les lois et l'administration restaient au rang des actes humains.

Il n'est pas exact aussi de dire qu'en prenant leur dieu pour leur roi, les peuples eussent *fait le raisonnement de Caligula* ; et qu'en faisant ce raisonnement ils eussent *raisonné juste*. Suétone rapporte qu'un jour on parla ainsi à Caligula, lorsqu'il se disait *seul roi* par rapport aux rois soumis aux Romains : « Vous êtes, comme empereur de Rome, au-dessus des princes et des rois. » De ce qu'il y avait de ces rois qui s'étaient fait appeler dieux, Caligula conclut qu'il était dieu aussi, et il se fit adorer. C'était sans doute un faux raisonnement : attribuons-le aux premières peuplades, ou à des peuplades ne formant pas un vaste empire, ce raisonnement, toujours fort mauvais, n'eût pas été le raisonnement de Caligula, puisque la conclusion de cet insensé se fondait uniquement sur la grandeur particulière de l'empire romain.

Quant au reproche de se *donner des maîtres* en se donnant des rois, on sait que les premiers rois furent en effet bien moins des maîtres que des capitaines et des magistrats ; et il est assez clair qu'on a pu, qu'on peut établir ou reconnaître un roi sans se donner un despote ; c'est par abus et par erreur, c'est par fourberie et par violence que des rois et même d'autres chefs d'un nom moins élevé sont devenus des tyrans. *Voyez* ci-dessus, p. 222. Tous les hommes peuvent dire comme Tertulien (*Apologétique*, n° 34) : « Le titre de *maître* est le privilége de la Divinité.

Je ne suis point l'esclave du prince; le seul maître à qui j'appartienne est Dieu, son maître comme le mien. Le prince est (ou doit être) le père de la patrie; comment en serait-il le maître? Un titre qui suppose la bonté et l'amour vaut mieux que celui qui annonce la puissance. »

Si, généralement, on eut *mis Dieu à la tête de chaque société particulière*, il ne s'ensuivrait pas qu'il y eût *autant de dieux que de peuples* [1]. Car, supposant roi le Dieu unique, la multiplicité des dieux-rois était impossible; et, dans l'hypothèse du polythéisme, comme on prit pour dieux presque universellement le soleil, la lune, les astres, le ciel et la terre, l'air et le feu, l'eau et d'autres objets matériels, il est manifeste que divers peuples ennemis auraient pû, dans l'hypothèse d'une théocratie générale, avoir les mêmes chefs suprêmes d'ordre civil, conséquemment les *mêmes faux dieux*. Elle n'est donc pas *une érudition bien ridicule celle qui roule sur l'identité souvent très-réelle des dieux de diverses nations*.

Le discours de Jephté sur les droits du dieu *Chamos* dans le pays des Ammonites, comparés à ceux du vrai Dieu dans le pays des Israélites, était sans doute une supposition, une simple concession oratoire. Entendez - le autrement,

---

[1] Voyez la réfutation de ce texte par Voltaire, dans sa critique du *Contrat social*, sous ce titre : *Idées républicaines*, etc., n° 38.

Jephté aurait commis une apostasie dont il ne fut jamais soupçonné ; il put condescendre à raisonner dans le faux système des ennemis, en paraissant reconnaître Chamos pour un patron, un protecteur local ; mais il ne prit Chamos ni pour un vrai dieu, ni pour le roi, ni pour le législateur, ni pour le magistrat des Ammonites. Loin de songer que le Dieu d'Israël, le Dieu unique ne fut qu'une divinité locale, il termine son allocution en sens tout contraire : « Jéhovah, dit-il, jugera dans cette journée entre Israël et les Ammonites. »

Ne cherchons pas comment, dans le paganisme, il n'y avait point de guerres de religion ; ce serait pour ainsi dire examiner comment dans une bouche d'homme il poussa autrefois une dent d'or. Noublions pas qu'il y eut des exemples de guerres et de *persécutions* religieuses *avant le christianisme*. Laissant à part la guerre *sacrée* des Phocéens, et admettant, si l'on veut, le trop subtil commentaire de Rousseau sur cette exacte et antique dénomination, l'on trouve encore, dans ce qu'on a pu recueillir de renseignemens sur l'histoire de la Perse, de l'Inde, de l'Égypte, de la Grèce, etc., assez de preuves des guerres et des persécutions religieuses entre les hommes de l'antiquité. C'est peine perdue que d'affirmer ou d'insinuer le contraire [1].

---

[1] Voyez *Encyclopédie méthod.* ; *Dict. de théol.*, art. *Parsis.*

L'auteur convient des persécutions religieuses au nom des rois de Babylone et de Syrie contre les Israélites, *obstinés à ne reconnaître que leur dieu. Obstinés;* on est donc mutin et rebelle quand on refuse de tomber dans l'idolâtrie! Mais passons. *Les dieux des païens* furent donc quelquefois *des dieux jaloux.* Cependant il est certain que ces monarques persécuteurs n'agissaient pas comme lieutenans de roi de Baal, ou d'Oromasde, rivaux de Jéhovah. Dans l'édit de Cyrus pour le rétablissement du temple et de la ville de Jérusalem, nous lisons que le *dieu des Juifs* était le *dieu du ciel*, et même *le dieu de Cyrus* [1].

Outre le culte domestique où le père de famille était pontife indépendant, il y avait chez les anciens, 1° la religion commandée, ou réglée, ou soufferte par les magistrats; 2° la religion des poëtes ou celle des théâtres; 3° diverses espèces de naturalisme qu'on nommait religions des philosophes; il n'est donc pas exact de dire que *chaque religion était uniquement attachée aux lois de l'état qui la prescrivaient.* La loi des douze tables avait prohibé les cultes étrangers; cependant les bacchanales s'introduisirent à Rome sans lois; et le sénatus-consulte qui en réprima les abus se contenta d'en retrancher la plus grossière licence; cet acte n'autorisa point le sénat à

---

[1] *Paralip.*, chap. XXXVI, v. 33.

prescrire ni à proscrire, mais bien à permettre les cultes nouveaux.

Rome vit aussi d'autres cultes étrangers, comme celui de Mithra, celui d'Isis, puis le judaïsme et enfin le christianisme, s'établir d'eux-mêmes par le seul fait, ou sans obstacles, ou malgré les sénatus-consultes et d'autres commandemens du sénat et des empereurs.

L'auteur parle des *dieux des vaincus, comme forcés de faire hommage aux dieux de Rome;* mais il convient que les Romains laissaient aux vaincus leurs dieux, comme ils leur laissaient leurs lois, *sauf le tribut imposé quelquefois d'une couronne au Jupiter du Capitole.* Et ce Jupiter était le dieu des dieux pour toute l'Italie, et généralement pour le paganisme, commé la Minerve *poliade,* ou de la ville d'Athènes, était celle des Égyptiens, des Grecs, des Italiens, et s'il est permis de le dire, comme la Notre-Dame dite d'un lieu quelconque est partout la même, la mère du Christ. Après ces recherches peu exactes et encore moins utiles, faites dans l'antiquité pour montrer que le législateur doit définir et prescrire une religion de l'état, et infliger des peines aux non-conformistes, nous arrivons au temps de l'Évangile, qui, mettant fin à la théocratie judaïque, réprouva toute *domination sacerdotale,* consacra la séparation de la religion d'avec le gouvernement, et l'incompatibilité du sacerdoce avec les affaires séculières.

Cette séparation dérive de la nature des choses; elle est nécessaire à la liberté, à la sûreté des citoyens, comme à la pureté de la foi, de la morale et de la discipline. Mettez dans le domaine des législateurs la conscience religieuse ou anti-religieuse des citoyens, il y aura tyrannie sacerdotale ou tyrannie politique, ou les deux ensemble, à moins qu'on ne suppose exister une théocratie vraiment divine, ou la presque impossible unité de croyances religieuses dans l'état, ou l'indifférence la plus complète en matière de religion, avec une hypocrisie secrète et universelle. Observons aussi que cette séparation fut établie par Jésus-Christ même; elle n'est pas due à tel christianisme que l'auteur appelle d'*aujourd'hui*, mais à ce qu'il affecte de nommer *le christianisme d'autrefois*, à la *religion pure, simple* et *véritable* de l'Évangile, qui distingue les envoyés et les peuples, les pasteurs et les brebis. Voilà donc notre auteur en opposition non-seulement avec la raison, mais avec sa religion et avec soi-même.

Il objecte que *le royaume spirituel des chrétiens est devenu, sous un chef visible, le plus violent despotisme dans ce monde-ci*. La réponse n'est pas difficile. Quand le royaume spirituel est changé quelque part en despotisme seulement *spirituel, sacerdotal, épiscopal ou papal;* d'abord, il a sa condamnation dans les livres fondamentaux, il est réprouvé par l'Évangile; on peut s'en plaindre aux pasteurs, et même souvent aux magistrats ; par l'hypothèse qu'il n'est que *spirituel*, il ne trouble que faiblement l'ordre social ; et de justes règles, comme nos libertés gallicanes, peuvent arrêter le désordre, à moins que le pouvoir exécutif ne les tienne enchaînées.

Lorsque le prêtre ou le pontife entreprend sur le temporel, sur le gouvernement de l'état, il atténue sa propre influence, il se déclare anarchique, aveugle ou corrompu ; il prépare lui-même son châtiment et sa ruine. Il doit trouver sa répression dans l'administration et dans les tribunaux, à moins qu'il n'ait pour complices une ligue puissante de législateurs, d'administrateurs et de j ugs ; donc ce n'est pas la religion qui fait le mal : chez les uns, c'est un fanatisme ignorant, stupide, hypocrite et profanateur ; et chez les autres, c'est l'irréligion déguisée, c'est une ambition furibonde, une aristocratie ou une oligarchie, ou une *juntocratie* révolutionnaire ou contre-révolutionnaire, qui ne doivent pas ici nous occuper. Les plus graves abus de l'autorité spirituelle, favorisés par les ténèbres du moyen âge, ont régné long-temps dans toute l'Europe ; il en existe encore des restes et des vestiges nombreux. On en trouve les théories développées dans les faux actes attribués à des papes, dans plusieurs de leurs vrais actes basés sur les faux, et dans les vrais monumens de l'histoire ancienne et nouvelle ; enfin jusque dans un bref du pape Pie VII , en juin 1805 [1].

Ces théories se glissent jusque dans l'enseignement actuel et impuni de certains livres , de certaines écoles et de certains prélats. On peut encore se rendre recommandable par des écrits, en affectant d'y substituer de fausses maximes, des abus dangereux aux vrais dogmes ou rites, à la véritable discipline de l'église catholique, et aux précieuses libertés gallicanes ; tout ce qui s'ensuit, c'est que, tant qu'il y aura des hommes, il y aura des abus, même dans les choses les plus excellentes et les plus nécessaires. Chacun doit, s'il en est capable, faire à ces désordres une guerre de plume ou d'opinion ; c'est aux chefs des peuples, c'est aux rois, aux législateurs et aux magistrats à les réprimer plus directement. Les abus ne s'introduisent et ne se maintiennent que par la volonté ou la connivence des supérieurs, par la corruption des agens et le honteux silence des peuples ; mais de quelque part que le mal vienne, sous quelque voile qu'il soit caché, sans cesse il s'accuse lui-même ; il est plus odieux par sa longue durée, il n'en devient jamais plus légitime.

---

[1] Voyez dans l'*Essai historique sur la puissance temporelle des papes*, tome II, pages 306, 307 et 320, le bref où Pie VII osa condamner la déclaration du clergé de France, de 1682, et s'affligea de ne pouvoir exercer *le droit de déposer les rois* et de *priver de leurs biens les hérétiques ! !*

On ne lit pas sans éprouver un sentiment de tristesse les assertions suivantes dans l'utopie d'un philosophe, dans le projet de code social de Rousseau, fervent ami de tout ce qui lui paraît vérité, liberté, justice : « Mahomet eut des vues « très-saines ; il lia bien son système politique ; « et tant que la forme de son gouvernement sub- « sista sous les califes, ce gouvernement fut un, « et bon en cela. Mais la division entre les deux « puissances a recommencé chez les mahométans. « En Perse, elle n'a pas laissé de se faire sentir... »

Dans la politique du moins, est-ce que Mahomet eut d'autres vues que le despotisme et la violence, la conquête et la servitude? Qu'importe aux sultans que ce soit à titre de califes ou de lieutenans du prophète qu'ils règnent, pourvu que d'un signe ils fassent étrangler leurs adversaires, couper les oreilles, trancher, clouer les têtes, supprimer des populations entières, massacrer à la fois des milliers d'hommes, vieillards, femmes et enfans? Dans la Perse, encore aujourd'hui, ce ne sont pas les ministres de la religion musulmane qui sont redoutables au monarque; ce sont les officiers du palais et une milice toujours indisciplinée, toujours barbare : de même à Constantinople, Alger, Maroc et Tunis. Ce mal existe plus ou moins dans toutes les monarchies plus ou moins despotiques.

Il ne convient pas sans doute que le clergé soit dans l'état une corporation politique ; mais il faut être bien aheurté contre l'autorité spirituelle des pasteurs, ou contre la liberté des cultes, pour apercevoir même en Russie et en Angleterre, où le prince est reconnu, dans un sens restreint, chef de la religion établie, encore *deux souverains et deux puissances*, sous prétexte que ce chef de la religion n'a pas le *droit de la changer*.

Rousseau n'est donc pas encore satisfait que le chef civil puisse d'un mot interdire ou faire égorger tous les prêtres et leurs coréligionnaires ; voudrait - il que ce chef pût aisément abolir la religion même ? Voilà pourtant ce qu'il nomme *l'unité dans l'état*, *la tolérance*, *la liberté*, *la politique*. L'éloge des doctrines de Hobbes, cet autre Machiavel, ne vient pas mal à la suite des louanges données aux *vues de Mahomet*. Si ce dernier les mérite, c'est faire trop d'honneur à Hobbes, arrivé bien plus tard, de prétendre qu'il est *le seul qui ait bien vu le mal et le remède, qui ait imaginé ce qu'il y a de juste et de vrai, en proposant de réunir les deux têtes de l'aigle*.

Ces deux têtes jointes ne furent jamais, pour le dire en passant, un emblème de la réunion terrible du pontificat et de l'empire en un seul homme. Elles n'ont désigné que la vaine prétention à réunir dans le même individu les restes de l'empire d'Orient à ceux de l'empire d'Occident. Mais concentrez sur une même tête, en quelque pays que ce soit, le vrai pontificat suprême et l'empire, vous aurez imposé au peuple un joug trop onéreux. Le roi et le pontife, chacun à part, sont assez forts pour déployer un arbitraire souvent oppressif; que deviendrait le peuple, si le même homme était en même temps et dans le même pays roi et pontife suprême ? Voyez la féroce barbarie des états musulmans; voyez le gouvernement papal, doux, mais impuissant, vu qu'il est despotique, réduit à démolir à la fois toute une ville, et à donner des cités d'asile aux voleurs et aux rebelles.

§ I.

Reproches adressés à la religion chrétienne, tirés de l'histoire et de la morale.

Bayle s'est efforcé de prouver la possibilité d'une société civile d'athées. Warburton, au contraire, a soutenu que nul état ne pouvait se maintenir sans religion, sans la croyance d'une autre vie où le méchant est puni, où l'homme vertueux est récompensé. Notre auteur s'éloigne de Bayle et de Warburton : il dit *que jamais état ne fut fondé* sans qu'une religion lui servît de base; mais il ajoute qu'*au fond la religion chrétienne est plus nuisible qu'utile à la forte constitution de l'état.*

Ce reproche doit paroître bien insignifiant, lorsqu'on réfléchit que tout ce qui peut *fortifier* la constitution d'un état, comme les arts et les métiers, les sciences et les lettres, un roi, des assemblées législatives et municipales, une vraie liberté de la presse, une armée permanente, tout cela peut naturellement ou accidentellement *affaiblir*, sous divers rapports, cette même constitution. Sur tous ces objets, comme sur la religion, il ne faut pas demander s'ils peuvent en quelque sens et dans quelques circonstances nuire à la force· de la constitution, mais si l'état peut subsister et prospérer sans eux. Ce n'est pas absolument *la plus forte* constitution qu'il faut donner à un état, c'est celle qui est préférable, eu égard à toutes les conditions néces-saires pour la durée; autrement, celle qui assure le mieux les garanties sociales. Une constitution re-lativement moins *forte* que telle autre, peut être, à tout prendre, meilleure, que cette autre et que beaucoup d'autres. Pour établir son paradoxe, inutile, parce qu'il est trop vague, l'auteur classe les religions relativement à la société civile, et il précise des accusations spéciales contre la re-ligion chrétienne.

Dans cette vue, il distingue la religion *de l'homme*, celle *du citoyen* et celle *du prêtre*. Il définit la *première*, celle qui serait bornée *au culte purement intérieur*, et à la *morale universelle*. Telle est, à son avis, la *pure et simple religion de l'Évangile*. D'abord cette morale vraiment uni-verselle est plus aisée à proclamer qu'à préciser pour faire des chrétiens sans pasteurs. Ce n'est pas tout : l'auteur, en rejetant le culte exté-

2

rieur, se met en contradiction directe avec toutes les communions chrétiennes de toutes les époques ; et de plus il suppose, dès qu'il n'admet point d'église enseignante, autant de croyances religieuses et autant de morales soi-disant universelles qu'il y aurait de chrétiens. Autant vaudrait l'absence de l'Évangile. Jésus n'a pas dit : Vous n'adorerez plus en un *temple*, mais vous ne serez plus obligés d'adorer *à Jérusalem* [1] ; *vous adorerez en esprit et en vérité*, partout ; car il sera offert *en tout lieu, à mon nom, une oblation pure* [2] (l'eucharistie).

La *seconde*, dit-il, est inscrite dans *un seul* pays ; la loi civile en prescrit les dogmes et le culte extérieur ; elle n'étend les droits et les devoirs de l'homme qu'aussi loin que ses autels ; *hors la nation* qui s'y est soumise, tout est, respectivement à elle, *infidèle, étranger, barbare* : telles furent, selon lui, *toutes les religions des premiers peuples*, et nous avons vu combien il s'est mépris sur cet article. Dans cette seconde classe de religions, purement locales, il comprend sans doute la loi de Moïse ; et cependant cette loi ordonne de faire du bien aux étrangers, et d'aimer le prochain comme soi-même.

Dans la *troisième* espèce de religion, qu'il appelle *du prêtre*, comme s'il y en avait qui ne

----

[1] Saint Luc, chap. xxii.
[2] Malachie, chap. i.

fussent pas établies tout à la fois pour l'individu, pour l'état et pour le prêtre, il comprend nommément avec le boudhisme du Tibet et celui du Japon, la religion catholique, et sans doute aussi bien d'autres communions chrétiennes, nominativement *toutes celles qui ont des prêtres*, toutes celles que le chef de l'état ne *peut pas changer*. Il en résulte, dit-il, deux législations, deux chefs, deux patries, et des devoirs contradictoires, un droit *mixte et insociable*, parce que la direction spirituelle ou religieuse y demeure séparée de l'autorité séculière.

Il faut bien que ces religions soient en effet moins insociables que Rousseau ne l'imagine, puisque, sans compter le christianisme romain; florissant chez les peuples du monde les plus puissans, les plus civilisés, les plus éclairés, et qui montre une monarchie de quatorze siècles, ces mêmes religions couvrent depuis si long-temps de vastes contrées dans l'Europe, l'Asie et l'Amérique.

Mais, reprend l'auteur, mes trois sortes de religions, *envisagées politiquement, ont toutes leurs défauts;* comme s'il était possible qu'il y eût pour des êtres aussi imparfaits que les hommes une seule institution si parfaite, que les prêtres, les pontifes, les grands et les peuples n'en abusassent jamais.

Il examine d'abord sa *seconde* espèce, la religion des dieux locaux. Elle est mauvaise, dit-il, en ce qu'elle est *fondée sur l'erreur et le mensonge*, en ce qu'elle est *exclusive*, conséquemment *intolérante et tyrannique*; en ce que le peuple qui la suit croit faire une action sainte, s'il tue quiconque n'admet pas ses dieux, et nuit à sa propre sûreté en se mettant ainsi en état de guerre avec tous les autres peuples. Ces derniers traits sont d'une exagération qui ne peut se concilier avec l'histoire, et moins encore avec des dieux qui, selon Rousseau, *n'étaient pas jaloux*. Mais remarquez ce petit mot, *exclusive :* aussitôt qu'une religion se dit vraie, aussitôt qu'elle suppose ou enseigne que les inventions même de l'idolâtrie, du magisme, du bracmanisme, du boudhisme, du mahométisme, etc., sont des mensonges, par cela même elle est mensongère elle-même; elle est tyrannique, ennemie du genre humain. Quelle folie!

La *troisième* espèce, comprenant le catholicisme, est *si évidemment mauvaise*, dit-il, *que c'est perdre le temps de s'amuser à le démontrer. Tout ce qui rompt l'unité sociale ne vaut rien.* Il n'y a dans la première phrase qu'une assertion hasardée, et dans la seconde qu'une abstraction, un sommaire, un abrégé trompeur, comme sont les sommaires; c'est une arme à deux tranchans, car elle attaque tous les gouvernemens tempérés, tous ceux où les branches de l'autorité politique se balancent pour mieux garantir la justice, la liberté, la sécurité commune. Nous ne dirons pas : Toute séparation d'influence ou de pouvoir, si l'on veut, est bonne; car, dans les choses qui s'appliquent à l'homme, le vrai n'étant que relatif, est au delà ou en deçà de toute assertion absolue. Mais nous n'hésitons pas à dire : La raison et l'expérience démontrent que la tyrannie ne peut être évitée, s'il n'existe pas des distinctions d'influence et de pouvoir, qui toutes, plus ou moins, sous quelques rapports, affaiblissent l'unité gouvernementale. Quant à cette objection , *toute institution qui met l'homme en contradiction avec lui-même ne vaut rien*, elle a le vice radical de trop prouver ; on pourrait la retourner même contre la morale la plus universelle, qui place l'homme entre son devoir et ses penchans dépravés , et qui même admet en certains cas la collision des devoirs, la nécessité d'examiner lequel doit avoir la préférence.

Enfin, de ces trois sortes de religions, l'auteur veut bien approuver la *première*, et cette espèce ne renferme , selon lui, qu'une seule religion, celle qui lui plaît; c'est un prétendu christianisme, sans communion religieuse, sans instructions, sans rites, sans prières communes, conséquemment tel qu'il répugne à la nature de l'homme corporel et social, tel qu'il est réprouvé par l'ancien et le nouveau Testament, et par l'Évangile même, qui réunit les fidèles en communauté de prières et de cérémonies; c'est ce christianisme idéal, si exténué, si indéfini, si variable, si indifférent, si nul, qu'il serait imperceptible, et que tous les siècles, avant Rousseau, l'ont ignoré ; c'est cette chimère qu'il nomme la *seule* religion *véritable*, et même *la religion pure et simple de l'Évangile* ; on sait que l'Évangile n'était pas véritable en son intégralité pour l'auteur sceptique de *la Profession de foi* d'un vicaire savoyard déréglé dans ses mœurs.

L'athéisme a dit au dix-neuvième siècle : « Moins « les idées religieuses ont de force dans un pays, « plus on y est vertueux, libre et paisible. » On sent à quels résultats conduit cette maxime ; ce sont les mêmes auxquels aboutirait la religion *sainte*, *sublime* et *véritable*, telle qu'elle est faite dans le *Contrat social*. Mais, chose étonnante, l'auteur se fâche de suite contre cette même religion qu'il a formée, et qu'il permet tacitement à chacun de fixer selon son goût, ou selon le pays de sa naissance [1], contre cette religion qu'il suppose *une*, et qui devrait pourtant se multiplier à proportion de la multiplicité des cerveaux, et se contrarier à l'infini, sans cesser d'être véritable. Voilà qu'il la déclare *inutile à l'état*, et *rien*, dit-il, *n'est plus contraire à l'esprit social*. Ici commencent de longs reproches précisément contre la religion *pure et simple de l'Évangile*, contre le *christianisme d'autrefois*, contre celui-là même qui n'est que la *religion simple*, *sublime*

---

[1] Voir la *Profession de foi du vicaire savoyard*, dans l'*Émile*, liv. iv.

et véritable ; et, par contre-coup, ces reproches retombent sur toutes les communions chrétiennes. Elles sont ici blâmées toutes, précisément à cause de ce qu'elles ont de *saint,* de *véritable* et de *sublime ;* ces doctrines sont donc justifiées à l'avance, et la censure qu'on en fait ici est reconnue implicitement, par le censeur même, fausse et impie.

Oui, elle est fausse, quand on dit qu'une société chrétienne *ne serait plus une société d'hommes ; qu'elle ne serait pas forte ni durable ;* que la religion chrétienne *n'ajoute aucune force aux emplois, qu'elle n'attache point à l'état les cœurs des citoyens, qu'elle les en détache ;* qu'elle s'occupe *uniquement* des choses du ciel ; que le chrétien *fait son devoir avec une profonde indifférence sur le succès, pourvu qu'il n'ait rien à se reprocher ; qu'il ne jouit point de la gloire ni de la félicité nationale ; que s'il y a un seul ambitieux, il a bon marché de ses pieux compatriotes ;* que s'il usurpe, *il faut lui obéir,* parce qu'*il est une puissance, et la verge de Dieu* pour punir ; *qu'on se ferait conscience de le chasser, parce qu'il faudrait user de force et verser du sang ; qu'il n'importe au chrétien qu'on soit libre ou serf dans cette vallée de misère, qu'on soit vainqueur ou vaincu ; que le christianisme ne prêche que servitude ou dépendance ; que les chrétiens sont faits pour être esclaves, et qu'avec eux toute guerre sacrée est impossible...*

A cet abrégé fidèle d'une déclamation si para-doxale opposons le raisonnement et l'histoire.

Quoi ! *une société de vrais chrétiens ne serait plus une société d'hommes !* « Une telle asser-« tion, comme dit Voltaire lui-même, est bien « bizarre. Veut-on dire que ce serait une société « de bêtes ou une société d'anges ? Bayle a traité « fort au long la question, si les chrétiens de la « primitive Église pouvaient être des philosophes, « des politiques et des guerriers ? question assez « oiseuse. Mais on veut enchérir sur Bayle ; on « répète ce qu'il a dit ; et, dans la crainte de n'être « qu'un plagiaire, on emploie des termes hasar-« dés, qui au fond ne signifient rien ; car, quels « que soient les dogmes des nations, elles se fe-« ront toujours la guerre [1]. »

Quel vague dans cette assertion ! *une société chrétienne n'est pas la plus forte...* Toutes choses égales d'ailleurs, une société généralement com-posée de vrais chrétiens serait la plus forte, puisque, de l'aveu de l'auteur, dans ce chapitre même, *chacun y remplirait son devoir ; le peuple serait soumis aux lois, les chefs seraient justes et modérés, les magistrats intègres, incorruptibles, et les soldats mépriseraient la mort* [2]. Y a-t-il d'au-tres élémens de la force d'une société que la réunion d'avantages aussi précieux ?

---

[1] Voltaire, *Idées républicaines*, n° 39.

[2] C'est aussi ce que Montesquieu reconnaît et développe, *Esprit des lois*, liv. xxiv, chap. vi.

J.-J. Rousseau ajoute : *Lorsque la croix eut chassé l'aigle* (sous Constantin), *toute la valeur romaine disparut.* Otez de cette phrase les deux images qui lui donnent de l'éclat et choquent la vérité, il reste cette assertion fausse : Depuis Constantin il n'y eut point de courage dans les armées des empereurs [1]. Il y en eut assez pour soutenir pendant plus de dix siècles l'empire d'Orient ; et quant à celui d'Occident, il se divisa entre des rois barbares, mais presque tous chrétiens, qui étaient souvent, dans l'origine, des généraux de l'empire ; en sorte que leurs troupes étaient celles de l'empire, des troupes chrétiennes. Il est assez connu par l'histoire que les armées, devenues chrétiennes, n'en furent pas moins courageuses, entreprenantes et victorieuses. Quant à la durée des états chrétiens, l'histoire dépose également de leur longue permanence.

Partout où cette religion est admise, et communément observée plus ou moins, *elle augmente la force des lois,* puisqu'elle oblige d'obéir généralement aux lois, à ceux qui les font, et de leur obéir non-seulement par crainte des peines légales, mais par obligation de conscience, attendu que les

---

[1] Machiavel même reconnaissait que les soldats chrétiens de l'empire furent les meilleurs, les plus dévoués, excités, non comme les autres, par un fanatique amour de la patrie, par une vapeur, toujours légère, de gloire humaine, mais par une ardeur vive et sacrée pour l'accomplissement de leurs devoirs.

chefs, les législateurs, les magistrats sont les ministres de la volonté de Dieu, et que sa volonté est que nous soyons soumis à l'ordre établi parmi les hommes, et qu'enfin chacun doit ne demeurer redevable de rien à qui que ce puisse être [1]. Le chrétien, se rapportant à Dieu, *a faim et soif de la justice* pour tous ; il est donc patriote par les plus nobles motifs, s'il n'est pas vicieux, ignorant, inconséquent.

Celui que les chrétiens font profession d'imiter avait, pendant le cours d'environ trois ans, parcouru la Judée sa patrie, *en y faisant le bien* ; on avait vu couler ses larmes quand il songeait aux malheurs qu'elle s'attirait par sa propre faute ; et il avait prouvé, à l'occasion, que c'était auprès de lui une recommandation puissante que d'aimer la nation juive [2]. Il a dit aussi : Le salut vient des Juifs [3].

Il est donc vrai que la religion chrétienne attache à l'état, aux justes lois, à la patrie, les cœurs des citoyens ; c'est une conséquence la plus directe du principe de charité si recommandé envers le prochain et envers soi-même. Les Machabées combattant, selon le texte de l'Écriture, *pour les lois et la patrie*, combattant et mourant plutôt que de tacher leur gloire, qui était celle

---

[1] Saint Paul aux Romains, ch. XIII, v. 5-6-8 ; saint Pierre, ch. II, v. 13-14-15.

[2] Saint Luc, ch. VII.

[3] Saint Jean, chap. IV, v. 22.

de la nation, sont fréquemment offerts en exemple aux fidèles, même dans l'église catholique. Ces modèles ont été suivis par nos pères lorsqu'ils repoussaient en des guerres *sacrées* les musulmans, sous Charles-Martel, sous Charlemagne; et pour descendre à des temps plus modernes, sans parler de tant de héros français dont la religion est moins connue, le pieux *Latour-d'Auvergne-Correc*, proclamé *premier grenadier de France*, n'a-t-il pas été un glorieux imitateur de ces Juifs immortels?

Nous avons vu nos évêques et nos prêtres constitutionnels à la fin du dernier siècle braver la pauvreté, les prisons, les supplices et les assassinats, afin de nous conserver tout à la fois le catholicisme et nos libertés religieuses, et nos libertés civiles, unies entre elles d'un nœud si étroit [1]. Dans toutes les phases de notre révolution, les plus zélés chrétiens, au péril de leur vie, ont combattu les excès, ont défendu les saines maximes. Ah! si les contre-lois qui renversent ou énervent les droits les plus précieux, n'avaient de fauteurs, d'exécuteurs volontaires, et surtout d'agens exagérateurs que de vrais chrétiens, nulle part les justes libertés ne seraient de vains simulacres. C'est un chrétien qui a dit, en 1820, dans notre chambre des pairs : *Plutôt*

---

[1] Voyez l'*Essai historique sur les libertés des églises*, par M. Grégoire, ancien évêque de Blois.

mourir que de jamais concourir à exécuter la loi immorale et tyrannique sur les non-révélations [1]. Nous avons vu l'Espagne, pays tout catholique, et travaillée de vieille date par l'inquisition et les jésuites, nous l'avons vue, avant 1823, se délivrer pour un temps deux fois des jésuites et de l'inquisition, rétablir avec un courage héroïque les libertés de l'état, et remettre en vigueur l'esprit des anciennes constitutions du pays avec plus de *formes* sans doute qu'il n'y en avait eu pour les détruire au xvie et au xviiie siècle. Les gouvernemens sont représentatifs dans l'Angleterre, et dans les Amériques septentrionale et méridionale, généralement chrétiennes.

Ce n'est pas la faute des vrais chrétiens si une partie de l'Italie expie sous la bastonnade, par commandement verbal, le crime d'avoir suivi, *sans assez de formes*, les exemples de l'Espagne, de l'Amérique méridionale et du Portugal. Enfin, malgré l'abandon, c'est trop peu dire, où l'a laissée une coalition dite *sainte*, qui s'est partagé les peuples comme des troupeaux, et qui a fait des guerres d'intervention pour le despotisme, nous voyons la Grèce toute chrétienne, et secondée de son valeureux clergé, égaler et surpasser les anciens prodiges de valeur, pour échapper au joug affreux de ses horribles tyrans.

---

[1] Voyez Dupin, *sur la Procédure criminelle*, *in-8°*. Paris, 1821, p. 263.

N'est-ce pas là une guerre chrétienne bien autrement *sacrée* que celle des Phocéens [1] ?

Prétendre que le chrétien ne doit s'occuper que des choses du ciel, c'est travestir l'Évangile qui porte : *Cherchez premièrement,* et non pas, cherchez *uniquement* le royaume de Dieu [2]. Sans doute cette recherche ne doit pas être l'unique. Le chrétien, dans les malheurs publics, n'est pas insensible au bien ou au mal de sa patrie, lors même qu'il n'a rien à se reprocher. Il doit dans l'adversité *pleurer avec ceux qui pleurent;* il doit agir pour eux, s'il est possible; il doit faire dans les occasions *tout ce qui est juste, tout ce qui est estimable ou aimable, tout ce qui mérite la louange* [3]. Il doit *accomplir tous* ces devoirs, *obéir aux magistrats, payer le tribut, donner sa vie pour ses frères* [4]. Est-il rien de plus contraire à l'indifférence envers les hommes, envers la patrie? Par devoir de prudence, au moins, et non par lâcheté, le chrétien obéit comme les autres aux mauvais

---

[1] Sur la légitimité du grand-turc dans la Grèce, voici le jugement d'un chrétien, d'un profond publiciste et d'un logicien renommé, écrivant en 1697 : « Eh! qui doute que « les chrétiens de la Grèce, descendus des anciens Grecs, ne « pussent *justement* secouer le joug des Turcs, s'ils en avaient « la force? » Locke, *du Gouvernement civil*, ch. xv.

[2] Saint Mathieu, ch. vi, v. 33.

[3] Saint Paul aux Philippiens, ch. iv, v. 8.

[4] Saint Paul aux Romains, ch. xiii, v. 7 et 8; saint Jean Év., ch. xiii, v. 34; ép., ch. iii, v. 16.

gouvernemens qui existent, à celui qui est mauvais et usurpé, comme à celui qui est mauvais et légitime; mais, puisque l'auteur du *Contrat social* avoue, liv. III, ch. VII, qu'*on sait bien qu'il faut souffrir un mauvais gouvernement... quand on l'a,* pourquoi trouve-t-il mauvais que les chrétiens reconnaissent avec lui une doctrine si triviale, et qu'ils sachent s'y résigner, suivant la nature des circonstances, comme font partout les hommes de sens commun?

Le christianisme, dit-il encore, *ne prêche que dépendance et servitude, et les chrétiens sont faits pour être esclaves.* Nous venons de montrer le contraire par les principes et par les faits. Supposant que le reproche soit mérité, qu'on nous explique donc pourquoi la vraie liberté, celle qui produit et accompagne la civilisation et les lumières, celle qui se fonde sur la raison, sur la religion, sur des lois égales pour tous, celle qui réprouve l'esclavage domestique et l'esclavage de la glèbe, celle qui respecte les droits de l'homme dans tout le genre humain, sans distinction de couleur ni de pays; qu'on veuille nous expliquer pourquoi cette liberté est née dans le christianisme, et pourquoi elle ne se rencontre ni en fait, ni en droit, ni même en simulacre, que chez des peuples chrétiens. Le christianisme est et devait être le perfectionnement moral du judaïsme : or, la loi des Juifs excluant l'absolue *domination* de l'esclavage, l'avait changé déjà en louage de service, pour six années [1] seulement, sauf convention expresse et libre pour un temps plus long, qui finissait au moins à l'année jubilaire.

Ainsi donc, au lieu d'attaquer notre religion par des imputations fausses, par des exagérations malignes et injustes, il faudrait apprendre ce qu'elle est, il faudrait l'étudier sans passion, dans son histoire et dans ses monumens, la méditer dans ses textes et dans son esprit, dans les écrivains qui ont contribué à sa gloire, dans elle-même, en un mot, et non dans les abus qu'elle improuve, dans ses dégradations accidentelles et locales, non dans l'ultramontanisme, non dans l'horrible inquisition, ni dans le pernicieux jésuitisme, ni dans les satires des incrédules. Il faudrait être assez impartial ou assez éclairé pour la distinguer soigneusement de son plus dangereux ennemi, *le faux christianisme*, qui, n'étant qu'ignorance et injustice, corruption et domination, pharisaïsme et machiavélisme, fourberie et parjure, excite et fomente les erreurs et les abus, les superstitions et les persécutions, le despotisme public et la servitude privée; amène enfin les conspirations et les révoltes, qu'il faudrait quelquefois, non pas vouloir éteindre dans le sang, mais traiter comme des symptômes réels de griefs légitimes, d'un juste mécontentement

---

[1] Deutéron., ch. xv, v. 12, 17 et 19; Lévit., ch. xxv, v. 29 et 41.

national, auquel il serait sage au moins de remédier par des réformes salutaires.

Quand on a de cette manière étudié la religion chrétienne, on y a reconnu qu'elle est une religion de science, de justice et de liberté, qui prospère dans la science, qui s'altère, s'affaiblit ou s'éteint *localement* par l'ignorance et le servage qu'imposent, de nécessité, le pouvoir arbitraire et le privilége réunis à la domination cléricale ; on y a vu que nous sommes *tous frères* par le sang et la nature, comme descendus tous d'un seul homme et d'une seule femme, *comme enfans de Dieu, qui ne fait point acception des personnes ;* ainsi l'on comprend, sans dispute et sans coaction violente ou artificieuse, que nous devons nous aimer tous les uns les autres d'*un amour vraiment fraternel*, qui détruit par la base *tout esclavage* public ou privé.

Cette même étude nous fait apercevoir que Jésus, par un seul précepte, en rétablissant l'institution primitive du mariage, c'est-à-dire en abolissant la polygamie, en supprimant ou restreignant le divorce, a rétabli pour tous les peuples chrétiens la liberté dans le gouvernement de la famille[1], et par-là qu'il a préparé la liberté dans le gouvernement de l'état. On y apprend

---

[1] Voyez l'*Essai* de F.-V. Reinhard sur le plan formé par le fondateur de la religion chrétienne pour le bonheur du genre humain, ch. iv. *In-*12. Dresde, 1799.

qu'il faut provisoirement tolérer, en de certaines limites, le despotisme public et l'esclavage privé, surtout lorsque, par l'ignorance et la commune misère, l'état social est comme dans l'enfance, et qu'on ne pourrait attaquer brusquement ces deux abus sans causer de pires désordres. On y voit aussi qu'en elles-mêmes les libertés raisonnables ne sont au fond que les développemens de la *fraternité* naturelle et religieuse ; on sent avec joie que cette double fraternité est une force vive et continue qui doit produire sur tout le globe ses précieux développemens, enfanter partout des rois constitutionnels, des constitutions libérales, franchement, fidèlement observées.

L'esclavage domestique, fléau corrupteur des maîtres et des esclaves, a disparu déjà chez plusieurs peuples chrétiens, et il s'éteindra chez tous les peuples de la terre, suivant la raison et les maximes de l'Évangile.

Ils sont bien inconséquens les prétendus sages qui ont toujours l'humanité sur les lèvres, et qui en ruinent le principe autant qu'il est en eux, lorsqu'ils enseignent si légèrement la pluralité primitive des races d'hommes, et quand ils affectent d'attacher aux couleurs des infériorités absolues d'intelligence, ressuscitant la folie païenne de ces anciens raisonneurs qui prétendaient légitimer l'esclavage et le fonder sur la nature même.

§ III.

De la religion civile proposée dans le Contrat social.

Ausi omnes immane nefas. Virg.
Tous ont osé le crime énorme de tuer leur frère
qui ne croyoit pas comme eux.

Puisque, selon notre auteur, la religion chrétienne, celle même qu'il appelle *sainte, sublime et véritable, est contraire à l'esprit social, à la force, à la durée des états,* il a dû chercher quelque chose de meilleur ou de moins mauvais; et, croyant en avoir fait la découverte, il a créé par la loi une religion *purement civile, une profession de foi qu'on ne peut pas,* dit-il, *forcer de croire,* mais qui est telle, *qu'on peut bannir de l'état quiconque ne la croit pas; qu'*on peut le bannir, *non comme impie, mais comme insociable, comme incapable d'aimer sincèrement les lois, la paix, et de sacrifier sa vie à son devoir. Si quelqu'un, après avoir publiquement reconnu ces dogmes, se conduit comme ne les croyant pas, qu'il soit puni de mort; il a commis le plus grand des crimes, car il a menti devant la loi.*

Mais s'il croyait ces dogmes quand il les a reconnus, et s'il a malheureusement cessé de les croire, le voilà donc puni de mort pour simple opinion, et sans avoir *menti* devant la loi; et s'il a cru de cœur comme ce Juif qui disait de bonne foi, *je crois, Seigneur, aidez mon incrédulité*, et que Jésus exauça, il mourra encore, par la loi du philosophe, sans être coupable même d'un mensonge.

Ne sont-ce pas là des corollaires de cette inquisition atroce émanée du despotisme des empereurs romains, qui fut en effet [1] théodosienne, justinienne, et qui s'appela *droit romain*, comme d'autres barbaries[2], avant d'être devenue papale,

---

[1] Voyez *Histoire abrégée de l'inquisition religieuse*, par M. le comte Lanjuinais. Paris, in-8°, 1821, chez Baudouin.

[2] Exemple : la bastonnade, inventée, dit-on, par Tarquin-le-Superbe, renouvelée en 1822 en Italie, sous une protection étrangère, n'est au fond qu'un retour au droit des codes romains et des Pandectes ; à ce droit, où, à côté de quelques beaux axiomes, on trouve esclavage privé, despotisme public, substitutions abîme de désordres, tortures, inquisition religieuse, textes incertains, incohérens, contradictoires, subtilités ridicules, inextricables, ruineuses pour les plaideurs. Cette prétendue raison écrite, avec ses impertinentes gloses, ses éternels commentaires, et son océan d'interminables controverses, est un chaos où la justice fut plongée, mais offrant çà et là des éclairs de sens commun. Ce chaos servit à combattre, adoucir, embrouiller, soutenir long-temps, abattre enfin le funeste régime aristocratique et féodal ; il fut comme un piédestal sur lequel on érigea la puissance arbitraire des monarques ; il a fourni des échafaudages pour élever en Europe les nouveaux codes civils, et malheureusement la partie inquisitoriale des nouveaux codes criminels, et le système pénal de la non-révélation en délits politiques. A moins qu'on ne rétrograde, il ne doit plus être pour les nations éclairées qu'un recueil de documens d'histoire et d'antiquités. Dans son édit du 14 mai 1814, le pape Pie VII a reconnu que la *jurisprudence romaine est un dédale où tout éloigne des principes fondamentaux*, etc

épiscopale ou sainte, puis impériale d'Allemagne, puis royale, seigneuriale, parlementaire, calvinienne et genevoise; enfin, adoptée en réalité par des philosophes qui se contrariaient en déclamant contre elle? Je dis des philosophes: on vient de lire le texte de Rousseau; en voici un autre plus remarquable, tiré des *Pensées philosophiques* de Diderot : « Quiconque annonce au peuple un « dogme qui contredit la religion dominante, « justifiât-on de sa religion par des miracles, le « gouvernement a le droit de sévir, et le peuple « de crier, *crucifiez-le.* » C'est ainsi que l'empereur Julien, dans son discours au cynique Héraclius, invoquait ce curieux apophthegme d'un philosophe de son temps : *Tous ceux qui mettent en question s'il existe des dieux, il ne faut pas leur répondre comme à des hommes, il faut les poursuivre comme des bêtes fauves.* Julien ne dit pas le nom de ce penseur expéditif; mais il ne manque point de l'appeler *notre sage sirène, et l'homme chéri d'Apollon et des Muses* [1].

Rousseau, qui, à divers égards, mérite qu'on

---

[1] Un autre persécuteur, qui, dans le vaste empire de la Chine, se fait appeler le *haut-ciel* et le *grand autocrate*, a pensé au dix-neuvième siècle comme Diderot et comme la *sage sirène* de l'empereur Julien. On lit dans un édit chinois en date de 1805 : *Ceux qui se font chrétiens sont indignes d'être considérés comme des hommes.* Voyez la traduction anglaise de ce triste monument dans les Mémoires de la société littéraire de Bombay, tome 1, page 12 ; Londres, 1819.

l'honore comme un ami de la vérité , comme un bienfaiteur du genre humain, est plus modéré dans ses paroles ; mais que dire d'un philosophe qui propose de punir d'exil ou de mort la manifestation d'une pensée, d'une opinion ; qui divise les citoyens comme les factieux ont coutume de faire; qui établit une catégorie criminelle, non pas des malfaiteurs , mais de ceux qui *pensent mal*, une autre de ceux qui *pensent bien*, et qui veut anéantir la première , comme l'inquisition *extirpait* les hérétiques ?

Conçoit-on quelque chose de plus atroce et de plus furieux ? Si l'athée ou le partisan d'un déisme légalement hérétique *se conduit comme s'il croyait* au déisme légalement orthodoxe , cet hypocrite échappe à la peine; la loi excite et récompense son lâche égoïsme, son astuce mensongère; il sera réputé pieux , *sociable, capable* même *de mourir volontairement pour la loi.* Que dis-je ! il pourra dénoncer impunément les non-conformistes réels ou prétendus ; il pourra les proscrire, les immoler comme des mécréans, et lui même ne pas croire en Dieu.

L'auteur allègue en note un trait de l'histoire qui se retourne contre lui. *César*, dit-il, *opinant pour Catilina, tâchoit d'établir le dogme de la mortalité de l'âme; Caton et Cicéron se contentoient de montrer que César avançait une doctrine pernicieuse à l'état.* Eh ! que pouvaient-ils faire de plus, je ne dis pas sans hypocrisie, sans iniquité, mais avec quelque espérance de succès? On ne faisait alors dans Rome que préluder au despotisme impérial , créateur de l'inquisition *civile* au 4ᵉ et au 5ᵉ siècle, provocateur de l'inquisition *ecclésiastique* au congrès de Vérone, en 1184, et précurseur enfin du système de l'inquisition *philosophique* , aussi funeste que la première.

Le paganisme n'avait pas et ne comportait pas de symbole religieux, ni de service habituel et régulier ; il consistait partout en culte extérieur, c'est-à-dire en récits poétiques souvent contradictoires et souvent licencieux, en salutations, prosternemens, promenades autour de l'idole ou de l'autel, en sacrifices ou offrandes d'animaux ou d'hommes, en processions, en chants, en courses vagabondes, en orgies. Les païens du temps de César n'avaient pu connaître les dogmes, les Écritures, la moralité, les sacremens, les prières, la discipline du christianisme ; ils n'avaient pu, comme Rousseau, en faire un extrait arbitraire, une religion éclectique et sans culte. D'ailleurs la mauvaise philosophie de ce temps-là, les mauvaises habitudes générales , et l'enthousiasme de la liberté, auraient fait échouer l'entreprise. Caton ne mourut-il pas en s'écriant : *La vertu n'est qu'un vain nom?* Quant à Cicéron, admirateur, traducteur , abréviateur des ouvrages de l'école platonicienne, on sait bien que, hors la tribune, il disputait pour et contre l'existence des dieux, et que l'autre vie n'était souvent pour lui qu'un objet de doute, une théorie populaire, une doctrine exotérique [1].

Rousseau lui-même a bien senti que les hommes ne se contenteraient pas de son squelette de religion civile, sans instruction, sans temples et sans culte [2]. Il s'est donc résigné, non pas à *protéger* les religions en vigueur, il tenait trop à son plan funeste, mais seulement à les *tolérer;* encore sa tolérance est très-bornée; il vous dit bien qu'il *est d'avis de protéger toutes les religions;* mais c'est en excluant toutes celles qui sont, dit-il, *intolérantes;* ainsi donc il soumet tous les citoyens de son utopie à sa *religion civile, très-intolérante;* il suppose, pour la soutenir, des juges et des bourreaux; et c'est à grande peine s'il fait quelque grâce à des systèmes qui, paraissant admettre son *credo* fort succinct, l'infirmeraient en se permettant d'y ajouter quelque chose.

Mais il se pourrait que des religions plus tolérantes prétendissent néanmoins rejeter ou modifier en partie le redoutable symbole; ce serait, selon Rousseau, *un crime d'état.* Rousseau ne peut donc pas vouloir que toutes les religions tolérantes et tolérables soient tolérées; il ne le veut pas effectivement. Toutes les religions qui

---

[1] Warburton, *Divine légation de Moïse.*

[2] V. *Conseils du trône* P.... Rousseau faisant pour Frédéric II le rituel d'un pur théisme.

en quelque point modifient sa religion civile,
il les rejette par cette clause : Les religions addi-
tionnelles au légal symbole ne seront tolérées
*qu'autant que leurs dogmes n'auraient rien de
contraire au devoir du citoyen*, c'est-à-dire rien
de contraire à la scrupuleuse intégralité de ce
même symbole, devenu le devoir civique le plus
rigoureusement obligatoire.

Maintenant qu'est-ce qu'une religion *tolé-
rante ?* Vous croyez qu'une religion est assez to-
lérante, au moins légalement, quand elle se con-
tente d'être elle-même tolérée, ou protégée du
genre de protection qui serait accordé aux autres
religions reçues dans l'état; quand elle fait profession de les souffrir toutes paisiblement, de ne
les combattre que par des raisonnemens, sans
violence, sans injures, avec les égards commandés
par la fraternité naturelle entre les hommes, ou
selon la charité prescrite par l'Évangile envers les
hérétiques de Samarie. Vous êtes là dans une
grande erreur ; cette tolérance, qu'on était con-
venu d'appeler *civile*, pour la distinguer de la
tolérance de non-approbation, laquelle était connue sous le nom de tolérance *théologique*, en un
mot, cette véritable *tolérance*, qui doit satisfaire
le philosophe et le chrétien les plus ombrageux,
ne suffit pas à notre législateur, à un philosophe
tolérant par essence. Rousseau ne manque point
de nous dire : *Ceux qui distinguent l'intolérance
civile et l'intolérance théologique se trompent, à*

mon avis. En conséquence, il propose une fiction légale toute nouvelle, consistant à supposer que *les deux espèces d'intolérance sont inséparables.* En un mot, il faut que tout religionnaire qui ajoute un *iota* au symbole philosophique reconnaisse ou qu'il a tort de l'ajouter, ou qu'il est indifférent qu'on l'ajoute. Mais celui qui ferait à ce même symbole quelque retranchement devra subir l'exil ou la mort. Cela n'est compatible ni avec la justice, ni avec le sens commun, ni avec la morale publique, ni avec le respect qu'on doit à la conscience de chacun. Ainsi Rousseau, pour nous guérir de l'intolérance par une tolérance soi-disant philosophique, veut que nous soyons absurdes et iniques, et même cruellement persécuteurs.

Cependant la tolérance, jointe à l'improbation, mais accompagnée de la charité envers tous, est écrite dans cet *Évangile pur et simple* que Rousseau veut bien admettre; voilà donc, sous ce point de vue, l'auteur encore une fois pris en contradiction avec lui-même.

Nulle part on n'ignore que cette formule *hors de l'Église point de salut,* signifie d'abord point de salut hors de la charité envers tous les hommes (elle ne rend donc point *insociable*). Allons plus loin; elle signifie sans doute ce qu'a dit Jésus, que *celui qui ne croira point sera condamné;* et ce que Jésus a dit pareillement, qu'*il n'y a qu'une bergerie et qu'un pasteur;* elle signifie ce qu'a écrit S. Paul, qu'il n'y a qu'*une foi*; enfin que les adultes dans les communions réformées risquent leur salut en y restant par une erreur peut-être non invincible; elle ne signifie donc pas qu'ils sont ou seront absolument réprouvés. Sont-ils déjà morts, le vrai chrétien ne les juge pas [1], et ne peut les juger, car il ignore leurs derniers sentimens. Sont-ils vivans, la foi des chrétiens nous ordonne de croire qu'ils pourront jusqu'à la fin de leur vie entrer dans la bonne voie; et la charité décrite par S. Paul nous oblige de désirer, d'espérer, de *croire* même la conversion future des pécheurs, et de prier pour que cette grâce leur soit accordée; car il n'est pas permis au chrétien de haïr; il lui est ordonné d'aimer tous les hommes comme lui-même.

Rousseau termine ce chapitre en nous rappelant que Henri IV, sur le point d'abjurer le calvinisme, écrivit à l'une de ses concubines, la plus diffamée dans l'histoire, et la plus exaltée quelquefois par une basse flatterie: *Paris vaut bien une messe.* Ce mot plus qu'indécent ne fut point le motif qui détermina l'abjuration de ce prince; les historiens attestent [2] qu'il en eut un meilleur

---

[1] *Je ne parle point du mort; Dieu seul est son juge. C'est aux yeux de ce maître qu'il est debout ou qu'il est tombé.* Saint Bernard, lettre viie, d'après saint Paul.

[2] Voyez *Histoire des projets de réunion*, etc., par M. Tabaraud. Paris, 1824, pages 414 et suivantes, pages 498 et suivantes.

dans les instructions qu'il reçut des évêques, et dans l'aveu que lui firent les ministres protestans qu'on peut faire son salut dans la religion catholique, ainsi qu'on le pouvait avant les modernes réformés, pour qui ce doit être un grand sujet de réflexion lorsqu'on leur demande: Qui êtes-vous? et d'où venez-vous? dans quelle église étaient vos pères? où se sauvaient-ils avant les derniers schismes? combien de milliers de religions chrétiennes et différentes admettez-vous, puisque vous reconnaissez à chacun le droit d'en faire une? entre toutes ces religions, laquelle est la véritable, puisqu'elles se contredisent et qu'elles ne peuvent être vraies toutes ensemble?

----

§ IV.

Des religions dans l'état.

Il y a cent raisons pour éconduire l'auteur, quand il veut, sous peine d'exil ou de mort, imposer à tous le formulaire de religion qui lui est venu en tête.

De plus, il s'est égaré sur la distinction de la tolérance civile et de la tolérance ou intolérance religieuse; il a brouillé les idées les plus claires et les plus simples; on dirait qu'à force de préjugés ou calviniens ou philosophiques, il ne s'entend plus lui-même. C'est qu'il se passionne et qu'il parle encore une langue mal faite, la langue ténébreuse de la scolastique et de l'inquisition. Depuis qu'il a écrit, les notions de justice et d'ordre social ont été mieux analysées, mieux connues ; la politique relative aux religions, redevenue plus évangélique, a changé de langage ainsi que de maximes ; les gouvernemens éclairés n'admettent rien de cette coaction religieuse et civile qui, dans plus d'une communion chrétienne, suivant le droit de Justinien et des Décrétales, renversait, outrageait les droits de la nature, et détruisait devant Dieu le mérite d'adhésion et de choix, en détruisant la liberté morale. Il n'y a plus de *religion de l'état* proprement dite, parce qu'elle serait exclusive de toute garantie des droits privés et de toute liberté politique[1]. Quand un sage législateur parle des religions différentes et compatibles avec l'ordre social, il ne songe pas plus à les tolérer qu'à les persécuter ; il ne protége point la sienne comme privilégiée ; il *protége également* celles que la loi admet ; il établit et maintient la *liberté* légale de leurs cultes. On sait aujourd'hui que la société civile n'est pas instituée pour choisir une religion ou la syncoper, pour composer et mettre en loi une religion éclectique, ni afin de punir l'athéisme, l'hérésie, l'indifférentisme, lorsqu'ils

---

[1] *Voyez* l'Essai de M. Daunou sur les libertés individuelles, 3e édition, Paris, 1822, 1re partie, ch. v ; et *les Constitutions françaises*, par le comte Lanjuinais, t. 1, iv. 11, ch. vi, in-8°. Paris, 1819.

ne troublent point directement la paix de l'état. Toute contrainte en pareille matière est injuste et corruptrice , puisqu'elle ne saurait avoir sur la conviction intérieure la plus légère influence. La société civile existe précisément pour con- server, par des formes appropriées à son but, et pour garantir à chacun la sûreté de sa per- sonne, la jouissance de sa propriété et de son industrie, un droit social sans priviléges, et par- ticulièrement la liberté personnelle, d'opinion et de conscience, de croyance et d'incrédulité, la liberté aussi d'exercer en commun, s'il le veut, la religion qu'il préfère.

Tels sont les droits inaliénables que l'homme tient de sa nature, c'est-à-dire de Dieu même, et ceux que la religion chrétienne suppose, ap- prouve, établit comme pouvant seule assurer un prix immense aux vertus. Ainsi, en fait d'opi- nions religieuses ou antireligieuses , le législa- teur et le magistrat n'ont aucun droit d'en punir l'absence ou la manifestation, s'il n'est prouvé que celle-ci a été faite avec des circonstances qui constituent un délit, un crime, c'est-à-dire un véritable attentat à l'ordre et à la paix. Les lois, ou plutôt les contre-lois en opposition avec ces principes ne sont que de cruelles iniquités. L'homme est naturellement religieux, c'est pour lui un besoin ; c'est là sa grandeur, son bonheur, sa consolation ineffable ; c'est le ciment de la société ; aussi la plupart des hommes professent même extérieurement une religion commune; mais devant les lois, chacun doit rester juge suprême de la vérité de la religion qu'il pratique, et de la fausseté relative des autres. Comme législateur, comme magistrat, l'homme n'est ou ne doit être, à vrai dire, ni tolérant, ni intolérant, ni sceptique, ni éclectique, ni athée; seulement il ne juge point les religions sous le rapport de vérité ou de fausseté; mais il est également juste et impartial envers elles; il respecte le sanctuaire inexpugnable de la conscience; il déclare également *libres* tous les cultes reconnus sociables; il les protége également tous; comme protecteur, il en salarie quelquefois les ministres; mais toujours il les tient soumis à sa police extérieure; il ne leur laisse que l'autorité de l'enseignement et du service religieux reçus dans l'état, afin qu'ils ne deviennent jamais des prétextes ni des moyens soit d'opprimer, de persécuter les particuliers, soit de troubler la paix, la décence, l'ordre public.

De cette théorie, si l'on passe à la pratique, on trouve les législations nouvelles partagées en trois systèmes.

Dans le *premier*, qui est celui des Anglo-Américains, la loi protége toutes les religions et n'en salarie aucune; il y a nécessairement entière liberté de conscience, sans qu'il y ait de l'indifférentisme plus que sous des religions différentes.

Dans le *second* système, qui est celui de la France, il y a une religion très-improprement qualifiée *religion de l'état*, et qui est salariée par l'état ; mais les autres cultes établis sont *librement* exercés, soit que l'état en salarie les ministres, soit qu'il en fasse payer les frais par les co-religionnaires, soit qu'il ne veuille pas s'occuper de cet objet. Ce plan mixte n'est vicieux qu'en paroles ; mais ce mauvais langage amène trop aisément à sa suite les grands abus, les mauvaises lois, les mauvais jugemens, les mauvais exemples et les mauvaises coutumes. Ces abus, on ne peut les prévenir ou les réprimer, s'il n'existe, pour choisir les membres de la chambre élective, des lois, des règlemens, des usages qui assurent la liberté des élections, celle de la presse, et la punition de tous ceux qui détruisent ces libertés, ou les changent en simulacres par violence ou par artifice, par lettres circulaires, ordres écrits ou discours de vive voix ; surtout il faut de sages lois sur la police extérieure des cultes, avec des tribunaux *légitimes*, vigilans, doctes et modérés, pour mettre ces lois à exécution, comme faisaient autrefois les cours de parlement, mais sans qu'ils s'arrogent ouvertement ni par subtilité le pouvoir législatif.

Enfin, dans le *troisième* système, qui est reçu en Espagne, en Portugal et dans une partie de l'Amérique méridionale, on ne laisse de liberté de culte que pour la religion catholique ; c'est détruire la liberté de conscience, multiplier les hypocrites et les profanateurs. Une grande partie du clergé protégé de la sorte a souvent de lui-même, ou soudoyé par des étrangers, excité, dirigé, produit activement les horreurs de la guerre civile sous prétexte de servir la religion et le despotisme. Voyez l'Espagne non pas *libérée*, mais transformée en un théâtre affreux d'intolérance, de vengeance, d'anarchie, de crimes et de misères!

FIN.

A PARIS, DE L'IMPRIMERIE DE RIGNOUX,
rue des Francs-Bourgeois-S.-Michel, n° 8.